AF330620

APPEL

AUX ÉLECTEURS

DE LA CORSE.

> Chaque citoyen a un droit égal de
> concourir à la formation de la loi et
> à la nomination de ses mandataires
> ou de ses agents.
>
> *Acte constitutionnel de 1793,*
> Art. 9.

———

BASTIA

IMPRIMERIE FABIANI.

—

1880.

APPEL

AUX ÉLECTEURS

DE LA CORSE.

Chaque citoyen a un droit égal de concourir à la formation de la loi et à la nomination de ses mandataires ou de ses agents.

Acte constitutionnel de 1793,
Art. 9.

BASTIA

IMPRIMERIE FABIANI.

1880.

APPEL AUX ÉLECTEURS

DE LA CORSE.

A la veille des élections et pour que le suffrage universel soit libre et éclairé dans ses manifestations, nous allons établir, dans une revue rétrospective extrêmement sommaire, les deux points suivants :

1° La Corse est essentiellement démocratique.

2° De tous les régimes qui se sont succédé depuis 1789, la République est, à coup sûr, celui qui a fait davantage pour son amélioration morale et matérielle, d'où nous tirons la conséquence que le devoir de la gratitude lui commande impérieusement de l'accepter et de s'identifier avec elle franchement et sans arrière-pensée.

Si la Corse n'était pas républicaine elle mentirait évidemment à la tradition historique et détruirait, de sa propre main, les plus beaux titres de sa gloire.

Effaçons de la période qui comprend la 2ᵉ partie du XVIIIᵉ siècle, retranchons tout ce qu'elle doit aux réformes libérales que nos assemblées introduisirent dans le système du Gouvernement et demandons-nous ensuite, en quoi son sort eût différé de celui des peuples qui languissaient dans l'avilissement de l'esclavage, ou sous le joug du despotisme le plus dur, le plus humiliant?

En effet, qu'était-ce que le gouvernement national sous lequel la Corse revendiqua son autonomie et son indépendance, sinon une démocratie sagement ordonnée? Nos pères pratiquaient le système représentatif, lorsque tant d'autres États, si fiers aujourd'hui de leur civilisation, les traitaient de sauvages. C'étaient eux pourtant qui, dans ce coin de la Méditerranée, dans une île jusque-là presque inconnue, apprenaient comment on pouvait, sans mesures exceptionnelles, sans sortir de la plus rigoureuse légalité, par le seul jeu régulier de ses institutions, résoudre le problème, réputé encore si difficile, du maintien de l'ordre avec la liberté et de la soumission la plus absolue aux lois du pays, sans despotisme et sans dictature. En d'autres termes, nos pères ne voulaient pas plus de liberté sans limites que d'autorité sans frein.

Quand on ne parle aux hommes que de leurs devoirs, on les façonne à la servitude; quand on ne les entretient que de leurs droits, on les conduit à l'anarchie. La vieille Corse avait trop de raison et de bon sens pour ne pas se tenir à une égale distance de ces deux excès.

Le régime électif à tous les degrés, depuis le garde-champêtre jusqu'au suprême magistrat, formait la base de toutes les institutions et de tous les pouvoirs indistinctement. C'était le suffrage universel dans la large acception du mot, le gouvernement du pays par le pays au moyen de délégation. Grâce à la sûreté de son jugement et à sa droiture naturelle, le peuple Corse ne confiait son mandat qu'aux plus dignes. Deux conditions étaient nécessaires pour l'obtenir, la pureté des mœurs et un dévouement éclairé et invariable au pays.

S'agissait-il de la paix et de la guerre, de discuter et de rédiger des manifestes, d'accepter ou de repousser des propositions venues de cabinets étrangers? Le peuple se rassemblait dans les *Consultes* générales, comme les Gaulois de l'ancienne monarchie au Champ-de-Mars et de Mai.

Admis indistinctement, hors les cas d'exclusion pour cause d'indignité, au partage des mêmes droits civils et civiques, les Corses supportaient sans se plaindre les charges de quelque nature qu'elles fussent. Le régime démocratique allait si bien à leur tempérament, à leurs tendances, à leurs aspirations; il répondait tellement à leurs intérêts et à leurs besoins d'ordre et de sécurité, qu'au bout de quelques années, en 1758, époque à laquelle il en avait à peine fait l'essai sous l'habile direction de Paoli, le chiffre des homicides tomba de 1000 à 150.

En 1760, quoique toute la Corse fût armée, les atteintes aux personnes devinrent encore plus rares, réponse péremptoire aux partisans des lois exceptionnelles qui semblent oublier que le port d'armes est un droit civique aussi bien que celui de vote d'élection et d'éligibilité dont les citoyens ne peuvent être privés que par suite de condamnations portant expressément interdiction de les exercer.

Le danger du port d'armes, pour le dire en passant, n'est pas dans le bras du meurtrier, mais bien plutôt dans la passion qui l'agite et le dirige. Chassez du cœur la haine et la vengeance et ne vous inquiétez plus des armes : elles resteront inoffensives comme les vieux canons de rebut dans les arsenaux de l'État. Au surplus, nous ne sachions pas que des complots homicides aient jamais échoué, faute d'instrument pour les commettre. C'était l'opinion des vieux Corses. Aussi ne se servaient-ils plus des armes que pour combattre les ennemis du dehors.

Les Génois, les Vénitiens donnaient le nom de république à leurs États, quoique leur gouvernement fût oligarchique. Les Hollandais étaient jaloux également de leur république. Cependant ils tenaient moins à leurs libertés qu'au trafic et au commerce, d'où venaient leur richesse, leur force et le rang que leur marine occupait parmi celles des autres nations.

Les Corses, au contraire, étaient passionnés pour la démocratie, parce qu'ils prisaient par dessus tout la liberté. Pareils aux pâtres de la Suisse, ils faisaient consister leur gloire et leur bonheur à vivre libres et sans maîtres. Le plus léger succès remporté sur les étrangers valait cent fois plus, à leurs yeux, que la plus riche cargaison, que l'établissement d'un comptoir sur un rivage conquis. Fiers et heureux d'être entrés en pleine possession des deux biens qu'ils ambitionnaient le plus et ne cessaient jamais de placer au-dessus de tous les autres, savoir, la nationalité et l'indépendance, les Corses ne concevaient pas de meilleure forme de gouvernement. Que pouvaient-ils espérer de plus? N'avaient-ils pas la somme des libertés nécessaires et compatibles avec le maintien de l'ordre?

C'était précisément lorsqu'ils mettaient la dernière main à l'édifice de la nationalité, ce terme constant de leurs sacrifices et de tant d'efforts héroïques, qu'impuissante à la gouverner un jour de plus, l'oligarchie génoise céda ses prétendus droits de souveraineté au cabinet de Versailles.

Vaincue mais non soumise, cette petite Ile dont le sort rappelait celui de la sympathique Pologne, aussi vaillante, aussi opprimée qu'elle, passa sous le sceptre de Louis XV, de ce vieux libertin usé par les orgies des petits dîners et les plaisirs du Parc-aux-Cerfs, qui, dans ses tristes prévisions, ne voyait plus après son règne (seule clairvoyance de sa vie) que le déluge, se souciant fort peu, dans son esprit sceptique, s'il léguait à son vertueux successeur tous les périls et les embarras d'une monarchie chancelante dont les abus et les vices avaient détruit le prestige et ébranlé les fondements.

Après la conquête de 1769, de toutes les institutions libérales, sorties des délibérations des assemblées nationales dont l'expérience et le temps avaient
démontré la sagesse, il n'en resta plus parmi nous
qu'une faible image. Nous voulons faire allusion à la
convocation annuelle des trois États. Ce fut une con-
cession forcée et consentie par le pouvoir absolu aux
souvenirs si tenaces et aux exigences si libérales du
pays conquis, une transition habilement ménagée
entre la liberté et la servitude, entre les franchises du
passé et les entraves du présent.

En attendant, les idées libérales faisaient leur chemin. L'heure des réformes pour la Corse affranchie
n'était pas bien éloignée. Les quatre cents réfugiés
l'appelaient de toute l'ardeur de leurs vœux patrioti-
ques. De la terre étrangère où ils avaient porté, avec
l'amer regret et le deuil de la nationalité perdue, la
haine croissante de la monarchie, ils saluaient à l'envi
les signes précurseurs de la révolution française qui
devait leur rendre, tout ensemble, la patrie et les
droits de citoyen.

La réunion de l'Assemblée nationale fut le terme de
cette expatriation douloureuse, pendant laquelle leurs
convictions politiques s'étaient retrempées dans les
rudes épreuves de l'exil. C'est dans des jours de
malheur que les âmes fortes montrent tout ce qu'elles
renferment d'élévation, de noblesse et d'énergie.

La représentation de la France libre et régénérée
admit bientôt, par le décret du 29 novembre 1789,

la Corse affranchie au partage de tous les droits, et la traita sur le pied d'une parfaite égalité. Ce décret, dont la date nous sera toujours chère, nous vengea largement des injures et de toutes les persécutions de l'ancien régime. Les Corses, volontairement bannis ou exilés, purent s'asseoir au foyer de la grande nation. Ce n'était plus une province conquise et écrasée sous la dictature martiale d'un gouverneur, c'étaient des hommes libres rentrant comme une portion intégrante dans la puissante unité de l'empire français.

La Corse trouvait dans cette franche et sympathique association une haute marque d'estime et un large dédommagement aux maux de vingt ans d'esclavage. A dater de cette époque de rénovation sociale, de réforme et de progrès, la Corse eut ses représentants dans les assemblées parlementaires, des généraux dans les armées, de hauts fonctionnaires dans toutes les administrations, des carrières ouvertes devant toutes les intelligences, enfin des perspectives séduisantes pour tous les talents et pour toutes les vertus civiques.

Mais pense-t-on que sans les publicistes du xviiie siècle qui par leurs écrits soutinrent si chaleureusement notre cause, l'Assemblée se fût empressée avec un accord si touchant de nous associer aux destinées de la France, si elle ne l'avait pas vue à l'œuvre, soit dans les tentatives et l'essai d'un gouvernement démocratique bien réglé, soit dans les nobles luttes de sa liberté; pense-t-on que si, par la pureté des mœurs et la

fermeté de ses efforts, la Corse n'eût point mérité l'intérêt et même l'estime des cours absolues du Nord, tant
de voix généreuses se seraient élevées pour appuyer
celle de Saliceti et de ses collègues? Assurément non.

Si son tribut au Trésor n'égala pas celui des autres
départements, en revanche nul ne versa sur les
champs de bataille de la Révolution et de l'Empire
un sang plus pur et plus chaud. La prise de la Bastille,
cette première conquête du peuple de Paris, la grande
Confédération de Juillet, l'abolition de la royauté et la
proclamation de la République qui avaient réjoui la
France nouvelle, n'excitèrent pas moins de joie en
Corse. Les mots de constitution, de liberté, d'émancipation politique dans toutes les classes et de frater-
nité eurent aussi de sympathiques échos au sein de
nos montagnes, ces antiques boulevards de notre
indépendance.

Ce n'était pas, d'ailleurs, la première fois que ces
échos les répétaient. Des voix connues, qui s'étaient
déjà fait entendre dans nos réunions locales, se firent
entendre également avec plus d'éclat dans les encein-
tes législatives de la nation. Nous eûmes, pour exposer
nos besoins méconnus et leur faire donner une légitime satisfaction, des députés à l'Assemblée consti-
tuante, à l'Assemblée législative, à la Convention et
plus tard au Conseil des Cinq-Cents.

La plupart de nos mandataires, déjà formés à l'école
de Paoli aux luttes politiques et à la discussion des
intérêts généraux, ne passèrent point inaperçus.

Quelques-uns d'entre eux se firent remarquer par la supériorité de l'esprit, la noblesse et la chaleur du langage, par la fermeté et la sagesse des opinions. C'était au milieu des mœurs viriles de la liberté et sous l'empire des institutions démocratiques que les caractères de ces hommes s'étaient fortement trempés.

Après le coup d'État du 18 Brumaire, les Corses retombèrent dans l'obscurité et le mutisme le plus complet. A quoi pouvaient plus servir les aptitudes si diverses dont la nature les avait doués? De toutes ces belles qualités une seule conservait encore quelque valeur, le courage militaire; et pourtant il ne fut pas aussi bien récompensé que sous la première République où nous comptions seize généraux.

Le rayon de gloire que les victoires de l'Italie et de l'Égypte, et plus encore les créations du Consulat firent briller sur la France, ne servit qu'à faire ressortir davantage l'oubli et la misère de l'Ile, contraste frappant qui ne devait cesser qu'avec l'Empire, pendant lequel elle fut déshéritée de toute espèce de représentation, en dépit du sénatus-consulte du 19 avril 1811 qui lui accordait trois députés au Corps législatif.

Quoique pauvre d'argent, la première République nous donna toute sorte de gages d'une vive sollicitude : création de fermes modèles; une somme de 600,000 livres à partager entre les Corses qui avaient préféré l'expatriation à l'esclavage; encouragements à l'agriculture; élévation de plusieurs de nos compatriotes aux premiers postes de l'Etat; division de l'Ile en deux départements, celui du Golo et celui du Liamone (1) qu'un sénatus-consulte organique réunit en un seul dont le chef-lieu était fixé à Ajaccio (2), au détriment des deux tiers du pays; de fortes garnisons pour répandre du numéraire depuis les villes jusqu'aux communes les plus obscures. Telles furent, en abrégé, les principaux bienfaits dont nous fûmes redevables à la République.

Dans l'énumération de nos griefs si justes, si fondés, contre l'Empire, nous avions oublié la brusque suppression du jury, la plus sûre sauvegarde de la liberté individuelle. Le retrait de cette belle institution, que nous tenions de l'Assemblée nationale, nous plaçait, au point de vue de l'organisation judiciaire, en dehors du droit commun.

Le dix septembre 1808, au lieu de nous rendre, ainsi qu'il l'avait promis, la procédure par jurés, le gouvernement en prorogea de nouveau la suspension, de telle sorte qu'à cet égard, du moins, nous tombions aussi bas que les possessions coloniales. Plus libéral, le gouvernement de Louis-Philippe rétablit le jury en 1830.

Voyons à présent ce que la Corse devait à l'Empire. La haute police, la dictature militaire et irrespon-

---

(1) Décret du 11 août 1793.
(2) Sénatus-consulte organique du 19 avril 1811.

sable du général Morand, la magistrature impuissante et muette; le glaive et la majesté des lois s'abaissant devant le sabre d'un soldat, dictature brutale qui faisait regretter les plus odieux gouverneurs de Gênes; les conseils de guerre en permanence d'où relevaient également les militaires et les citoyens; la violation du domicile; les perquisitions journalières des gendarmes à la poursuite des conscrits réfractaires; le vide immense des populations; la transportation en masse des Fiumorbais dans les tours de Toulon; l'aspect désolant des campagnes; l'état arriéré de l'agriculture; nul progrès dans le commerce et l'industrie; nulle sûreté sur les routes; le mécontentement universel à peine contenu par des emprisonnements arbitraires : — voilà le bilan du premier empire, voilà une idée incomplète du pays pendant la période que l'on a justement qualifiée l'*âge de fer* de l'Ile.

A l'Empire succéda la monarchie héréditaire et traditionnelle qu'on appela la Restauration.

Sur la foi de son nom on s'attendait à voir changer le sort du pays. Vaine illusion! Il n'y eut de restauré que les emblèmes extérieurs de la royauté et deux maisons,

> In principatu commutando civium
> Nil, præter domini nomen, mutant pauperes.

Ces paroles du fabuliste antique étaient parfaitement applicables au peuple Corse.

Le nom du maître, la forme du gouvernement chan-

geaient : la situation du pays restait toujours la même.
Une exclusion absolue, systématique éloignait presque
tous les fonctionnaires corses des diverses administrations. Dans les ministères on ne les désignait plus que
sous l'épithète injurieuse de compatriotes de l'Usur-
pateur, auquel on ne pardonnait pas d'avoir retiré la
couronne d'un ruisseau de sang pour la placer, entou-
rée d'une auréole de gloire, sur sa tête.

Il n'en fallait pas davantage pour les écarter sans
retour. C'était à peine si, de loin en loin, de rares ex-
ceptions, dues à de hautes influences officielles, témoi-
gnaient de quelque faveur au profit d'une classe très
restreinte de protégés à qui un puissant ambassadeur
ou ses parents délivraient des certificats de Roya-
lisme. Hors ce cercle borné, point de largesses, point
d'emplois, point de pensions. Le ministère des travaux
publics n'allait jamais, dans la distribution des fonds
affectés à la Corse, au delà du plus strict nécessaire.
Aussi nos routes, nos ports étaient-ils dans un état
pitoyable.

Mais notre intention n'est pas de retracer en détail
les griefs que nous serions en droit d'articuler contre
les gouvernements monarchiques. Il est juste toutefois
de ne pas confondre dans nos plaintes légitimes celui
du roi Louis-Philippe. Pendant ce régime on vit briller
sur le pays quelques faibles lueurs d'espérance. Le
ministère des finances et celui des travaux publics se
montrèrent moins avares d'allocations de fonds : des
millions furent consacrés à des ouvrages d'intérêt gé-

néral. Le port de Bastia, la route qui de cette ville traverse la plaine orientale pour aboutir à Bonifacio, la promotion d'un grand nombre d'officiers supérieurs, datent de cette époque : ce fut comme une demi-renaissance.

La presse ministérielle et le gouvernement, bien différent des autres régimes, se donnèrent garde d'affecter le même mépris, le même dédain pour les habitants et leurs mœurs. Il faut reconnaître aussi qu'au bout de trois années, les travaux d'utilité publique reçurent une habile et vigoureuse impulsion. Le Duc d'Orléans laissa entrevoir, de son côté, de bienveillantes dispositions, tant sur le pays en général, que sur les habitants en particulier, et notamment pour ceux qui appartenaient à l'armée.

Nous n'en voudrions d'autre preuve que son voyage à travers nos populations, depuis Bastia, Corte et Ajaccio, et cela (fait à noter) peu de temps après l'explosion de la machine Fieschi, dirigée contre la famille royale, attentat odieux qui dans une âme moins élevée et moins généreuse eût été un motif de froideur et de défiance à cause de l'origine et du nom du principal coupable. La Corse en fut singulièrement flattée, c'est qu'elle comprit, avec la sûreté de son tact et la délicatesse de ses sentiments, tout ce qu'avait de noble pour le Prince et d'honorable pour elle cet éclatant témoignage de confiance et d'estime. C'était évidemment un hommage rendu à la loyauté du caractère national. Aussi la Corse y répondit par un accueil sympathique et enthousiaste.

Cependant à la fin du règne, les sentiments de la Corse avaient changé, non qu'elle eût de bien graves sujets de plainte contre le gouvernement; mais parce que les faveurs n'avaient pas été équitablement réparties, et que, d'autre part, — ce que la Corse déteste le plus, — l'esprit de népotisme semblait dominer dans la région officielle.

Les causes de la chute de ce gouvernement qui, à l'Hôtel-de-Ville, avait reçu le baptême populaire et voulait être appelé la meilleure des Républiques, ne furent ni le système de la paix à tout prix, poussé jusqu'à de pusillanimes défaillances, ni les banquets électoraux, ni le fatal entêtement de M. Guizot, ni la fin malheureuse et prématurée d'un prince sympathique et libéral. Son crime, aux yeux de la nation et du parti qui avait combattu dans les grandes journées de Juillet, c'était d'avoir oublié son origine révolutionnaire. On ne lui pardonna point d'avoir escamoté le mouvement républicain, en élevant, avec des pavés fumants encore des feux du combat, un second trône sur les débris du trône renversé.

La révolution du 24 Février fut l'éclatante revanche des républicains. Arrêtée dans sa marche, elle devait la reprendre et la poursuivre au 4 Septembre 1870. Elle a eu pendant deux fois le rare privilége de sauver la France qui l'appelle à son secours et se jette dans ses bras pour réparer les fautes des monarchies, et la retirer de l'abîme où elles l'ont précipitée.

Que les vieux partis le veuillent ou non, la République doit être et sera la forme universelle et définitive des sociétés modernes, parce qu'elle sait allier la sagesse à la force.

C'était aussi le sentiment de Napoléon. M. Molé le félicitait d'avoir tué l'esprit révolutionnaire. « C'est une erreur, répondit le Maître, je suis le signet qui marque la page où la révolution s'est arrêtée. Mais quand je serai mort, elle tournera le feuillet et reprendra son cours. »

La révolution du 24 février prouva la justesse de ces prévisions. Aussitôt après la proclamation de la République, trois princes Bonaparte vinrent tour à tour solliciter les suffrages des électeurs. Ils furent reçus avec les démonstrations les plus vives, les plus sincères, les plus générales de dévouement et de sympathie. Devant eux d'autres candidats non moins recommandables s'effacèrent. Les nobles exilés parurent vivement touchés. On devait naturellement s'attendre à ce que la Corse, si longtemps délaissée, changeât complétement de face : il n'en fut pas ainsi. Si quelques familles ont été honorées de l'amitié du Prince, si elles ont marché rapidement dans la voie des honneurs et de la fortune, la Corse est demeurée stationnaire. Les bienfaits de l'Empire ne se sont pas étendus au-delà de ce cercle restreint.

Il est des convenances qui nous commandent une certaine réserve. Dieu nous préserve d'insulter jamais

2

aux puissances déchues. Respectons le sentiment national; après tout, et bien qu'au milieu des splendeurs de l'Empire les Bonaparte aient paru l'oublier, nous devons nous souvenir qu'ils sont Corses, que, comme nous, ils ont respiré l'air libre et pur de nos montagnes. Si nous ne sommes pas au nombre de ceux qui poussent jusqu'à la superstition le culte de la légende, ce n'est assurément pas une raison pour rester froids et indifférents devant les malheurs successifs qui ont atteint, tout à la fois, les personnes et la dynastie.

Les susceptibilités du sentiment national, que l'on a exploité en le faussant, a été le grand levier à l'aide duquel les magnats du parti ont soulevé les masses électorales. Toutes leurs forces, tout le secret de leur popularité est là : le mérite personnel n'y entre pour rien. Ils ont pu s'imaginer, dans la complaisance et les illusions de l'amour propre, que les manifestations des communes s'adressaient à leur personnalité. Qu'ils se désabusent : il n'y avait là qu'un dernier acte de fidélité aux Bonaparte, une noble protestation contre les jeux et les caprices de la fortune, peut-être aussi, une vengeance contre les injures et les reproches par lesquels certains journaux blessaient la légitime fierté du pays.

Cependant nous dirons avec M. de Rémusat : « Je sais quels sentiments excusables et même louables, en un sens, ont pu conduire la France populaire à cette méprise étrange. » Il parlait de l'engouement et de l'enthousiasme pour le premier Empire. Mais il ajoute : « Je sais aussi, que la vanité nationale, un défaut de sérieux dans l'esprit, une légèreté peu soucieuse de la raison et de la justice sont pour beaucoup dans cette erreur d'un patriotisme peu éclairé. » Néanmoins nous sommes convaincu que parmi les notabilités du parti, il y en avait bien qui regrettaient *in petto* de s'être engagés trop avant dans la réaction, et qu'un reste de pudeur a pu seul les empêcher de signer leur adhésion au nouvel ordre politique. D'autres, plus impatients, n'auraient pas attendu le troisième chant du coq pour renier leur maître en vue de quelques bonnes sinécures. C'était en ce sens que l'un d'entre les chefs, d'ailleurs fort recommandable, écrivait de Paris après le 4 septembre : « Plus d'illusions, l'Empire est tombé et tombé sans retour. Dites à nos adhérents qu'il ne reste plus d'autre parti à prendre que celui d'accepter les faits accomplis. »

Mais nous avons hâte d'arriver au gouvernement de la République actuelle. Il est certain et nous ne surprendrons personne en affirmant que, d'abord et jusqu'à 1878, elle comptait en Corse plus d'adversaires que d'amis.

Tant que le jeune Prince Impérial a vécu, comme son avènement pouvait sembler une éventualité possible, ses fidèles partisans étaient encore en majorité. Rien au reste n'était épargné pour les entretenir dans de trop crédules illusions. Tous les quinze jours des lettres venues de loin annonçaient le prochain rétablissement de l'Empire. Les nouvelles les plus étranges, les bruits les plus invraisemblables, tantôt répandus à voix basse, tantôt avec une sorte de publicité affectée, allaient, dans les populations abusées et spécialement parmi les militaires en retraite, réchauffer le levain du bonapartisme à demi éteint, accréditer et raffermir de plus en plus l'idée que les jours de la République étaient comptés ; car, à l'exemple des enfants de Cadmus, les républicains allaient, disait-on, s'égorger entre eux. Dans deux ans au plus tard, intransigeants et modérés auraient également disparu dans les convulsions de l'anarchie, pour faire place au régime de la terreur, c'est-à-dire, à la Commune.

Devant cette effrayante perspective, les réactionnaires se livraient déjà à des transports de joie et semblaient prendre en pitié tous ceux qui avaient la simplicité de croire encore à la force et à la durée du gouvernement actuel.

Nous avons connu un vieux sénateur qui annonçait avec son sérieux habituel que tout était parfaitement disposé en France pour recevoir le jeune Prince à la frontière et le conduire triomphalement aux Tuileries ; et quand on le priait de préciser le jour, il répondait, comme l'oracle antique, qu'il ne reculait pas au delà de deux mois l'effet de ses prophétiques paroles. C'était en juin 1873. Nous serions curieux de savoir s'il est toujours aussi affirmatif.

En vérité il y avait de quoi partager cette erreur. Les

cruels mécomptes, les malheurs successifs n'étaient pas encore venus. Et comment les populations fascinées de l'intérieur, dont on ne se lasse point d'exalter la fierté nationale, n'y auraient-elles pas cru lorsqu'on voyait les Rouher, les Haussmann, les rédacteurs du *Petit Caporal*, reçus avec enthousiasme à leur débarquement dans le port d'Ajaccio, au chef-lieu du département, sous les yeux du premier magistrat, du représentant direct du gouvernement, planter hardiment en face de l'hôtel de la préfecture le drapeau impérial, présider des réunions nombreuses et des banquets, prononcer des discours séditieux, distribuer des photographies du jeune Prince et même des pièces d'argent à son effigie, parcourir ensuite la ville au milieu de vivats et des acclamations?

Bien plus : ne vit-on pas un Préfet, à peine débarqué à Bastia, aussitôt entouré de tout ce qu'il y avait de Bonapartistes fougueux, se diriger à la hâte vers le chef-lieu du département entre un officier supérieur en retraite et un magistrat en activité, connus par leur dévouement illimité à l'Empire, comme s'il fût venu prendre possession en son nom de la préfecture et le proclamer hautement à la face de la population, stupéfaite d'un aussi étrange spectacle? Ne fallait-il pas du courage en présence de pareilles manifestations, de la complicité ou de la faiblesse des fonctionnaires, à se dire républicain et avouer hautement sa foi politique?

Les provinces du Nebbio et de la Balagne n'ontelles pas reçu la visite de celui qu'on appelait le Vice-

Empereur, se pressant émues et respectueuses autour de lui, élever des arcs de triomphe sur son passage et saluer dans le grand orateur de l'Empire, dans l'homme d'Etat des quatre tronçons et du Mexique, le Précurseur, le St-Jean de la dynastie napoléonienne? Un protestant, également étranger à la Corse, n'était-il pas venu disputer au prince Napoléon que repoussaient les bonapartistes, par cela seul qu'on le soupçonnait d'avoir eu des attaches avec le parti républicain et montré des velléités d'opposition sous l'Empire? Un autre crime aux yeux des réactionnaires de la Corse contre le Prince, c'est son tardif mépris et son souverain dégoût pour ceux d'entre eux qu'il avait autrefois comblés de toutes sortes de faveurs et tirés de la condition obscure ou effacée dans laquelle ils vont rentrer pour ne plus en sortir. On dit néanmoins, que quelques-uns d'entre eux seraient bien disposés à acheter par de nouvelles bassesses et le pardon et les grâces du prince Jérôme. « Le roi est mort, vive le roi. » Ils le prendraient volontiers pour chef, sauf à le renier de nouveau si, fidèle à ses doctrines, le Prince se souvenait qu'il a été l'un des 363 députés, et se contentait du titre de citoyen français, à la différence des princes qui n'ont rien appris ni rien oublié. Ou nous nous trompons fort ou il ne doit avoir pour eux et pour les hommes du 16 mai que de l'éloignement et du mépris.

Suivant l'exemple de ceux qui marchent à leur tête, la plupart des curés et des prêtres ont usé dans ces circonstances de toute leur autorité sur la multitude pour voter comme un seul homme en faveur du candidat de la religion réformée. Il leur était réservé d'affliger les véritables catholiques par ce scandale sans précédent dans notre histoire et faisant un si singulier contraste avec l'unité de notre foi, avec la répugnance traditionnelle du pays pour les doctrines des sectes dissidentes. Pendant les guerres de l'indépendance, n'était-ce pas au nom de la liberté et de la religion qu'il combattait contre ses ennemis? Sur sa bannière la tête du More ne figurait-elle pas à côté de la croix, ce signe de la rédemption des peuples? N'y avait-on pas inscrit ces mots : *In hoc signo vinces?* Et c'est pour assurer le succès d'un protestant, en face d'un prince catholique auquel ils ne trouvaient à reprocher d'autre acte d'hérésie qu'un déjeuner en compagnie de quelques libres-penseurs, que des ministres de la religion ont traîné leur soutane dans cette arène brûlante des luttes et des compétitions politiques!

Pendant longtemps, au mépris des circulaires des ministres des cultes, la plupart des curés ont refusé d'appeler, par leurs prières, les bénédictions du Ciel sur le gouvernement qui leur fait pourtant une si large part dans le budget de l'Etat. Ne sait-on pas qu'il a augmenté leur traitement? Il n'a fallu pas moins que l'insistance et les instructions formelles d'un évêque trop tôt enlevé à l'amour et au respect des fidèles, joignant aux lumières d'un esprit supérieur la simplicité évangélique avec toutes les vertus de la primitive

Église, et rendant à César ce qui appartient à César; il n'en a pas moins fallu, disons-nous, que sa fermeté pour les amener à vaincre leur répugnance. Enfin, après de longues hésitations, ils se sont décidés à chanter à la messe paroissiale du Dimanche le *Domine salvam fac Rempublicam*. Le fanatisme était porté si loin que, dans une chapelle, l'aumônier qui avait cru devoir se conformer aux ordres de l'Évêque fut grossièrement apostrophé à l'autel par le prieur bonapartiste.

Tous ces faits nous ne les inventons pas : ils sont de notoriété publique. Si nous les rappelons, c'est uniquement pour faire mieux sentir que la République n'a jamais été ni reconnue ni respectée dans un grand nombre de localités, et que l'administration supérieure et surtout le pouvoir exécutif ont manqué également de vigilance et d'énergie.

Parmi les Procureurs généraux qui se sont succédé dans le ressort, un seul, M. Serre, avait su, au milieu des circonstances les plus difficiles et lorsque la République était loin d'être solidement assise, par son attitude énergique et la fermeté tempérée de ses actes, tenir tête aux gros bonnets du Bonapartisme.

Nous sommes même convaincu qu'il n'aurait eu besoin que de quelques mois de plus pour poursuivre l'épuration si nécessaire qu'achève en ce moment M. Limperani dans la judicature cantonale. Il aurait, en même temps, amené les magistrats d'un ordre supérieur à accepter sans retour le régime actuel. En vérité on ne conçoit pas comment il a pu arriver que pendant que ses successeurs ont reçu un avancement si justement mérité, M. Serre attende encore la réparation qui lui est due.

Tout gouvernement qui permet qu'on le discute en face et qu'on le renie est à demi renversé. Cette inertie, cette impuissance équivalent à une abdication. Jusqu'au 14 octobre 1878, on se demandait si nous étions réellement sous un régime républicain. Nulle part on ne sentait son action, nulle part on ne lui épargnait ni le mépris ni l'outrage. C'est ce qu'ont constaté les députés enquêteurs.

Par la fermeté de leur langage et une attitude noble et digne, MM. Albert Joly et Laisant n'ont pas peu contribué à relever le courage à demi abattu des républicains. C'était la première fois, depuis 1870, que l'action du gouvernement nouveau se faisait sentir de ce côté de la France. Ils ont porté en haut lieu nos légitimes réclamations et fait connaître la véritable situation politique de ce département. Mais pour bien sonder la profondeur de la plaie qu'avait élargie et envenimée la réaction du 16 Mai, pour avoir une juste idée de toutes les vexations, des abus d'autorité, des défis insolents par lesquels on cherchait à pousser à bout les républicains les plus modérés, il aurait fallu une enquête moins sommaire et plus étendue. C'est à ces députés qu'on doit demander avec quelle audace le Préfet et les Sous-Préfets de Fourtou s'étaient joués de tous les droits et de toutes les lois.

L'enceinte législative a retenti des mâles accents de
la vérité, à propos de l'élection de Sartene où la
pression de la terreur avait été poussée au-delà de
toutes les bornes, où la fraude et l'intrigue s'étaient
étalées avec un cynisme révoltant. Il fallait qu'un
député de la gauche prît la parole pour les dénoncer
à la Chambre, puisque ceux du pays étaient intéres-
sés à garder le silence. Au reste, comment auraient-
ils pu joindre leur voix à celle des députés Laisant et
comte de Choiseul? Est-ce qu'ils n'étaient pas les
promoteurs et les complices de toutes les énormités,
de toutes les criantes injustices, de toutes les mesures
illégales qui ont marqué le règne éphémère des
Grandval et des Marulaz? C'était à Corte surtout qu'ils
avaient trouvé dans un Juge de Paix, dans un Com-
missaire de police envoyés de loin, dans un Procu-
reur de la République, des agents actifs, dévoués,
subissant, dans une stupide passiveté, l'influence du
pouvoir administratif. C'est qu'ils avaient été encou-
ragés par les fausses assurances du dernier Manifeste
du ministère où l'on faisait dire au *Bayard moderne* :
« Je gouvernerai avec l'appui du Sénat pour protéger
« ceux des fonctionnaires que n'ont point intimidé de
« vaines menaces. » Dès ce jour, ces fonctionnaires
égarés allèrent de *l'avant*, sans nul souci de leur
responsabilité, sans reculer devant aucune faute, sans
se préoccuper le moins du monde du jugement sévère
de l'opinion, ni du soulèvement de la conscience
publique.

Les malheureux! avec la prévoyance la plus vulgaire, ils auraient compris que le fameux Marulaz les eût entraîné dans sa prochaine retraite. « Je puis me vanter, avait-il dit, en quittant la ville où il n'a été regretté que par les parasites assidus de la Sous-Préfecture et par ses créanciers désappointés, de vous avoir donné cinq mois d'empire. » Mince consolation assurément pour un parti qui allait tomber pour ne plus se relever avec l'ordre moral!

Certains anniversaires étaient l'occasion de manifestations les plus séditieuses, de folles espérances, de défis jetés insolemment aux autorités. Les démocrates étaient journellement en butte à toutes les provocations, et des agents de police, de concert avec les gendarmes, semblaient les encourager ou tout au moins ils fermaient les yeux. Bien plus : on montrait aux républicains le chemin de Cayenne et de Numéa; on dressait des listes de proscription, on parlait de transportation en masse, comme au lendemain du Deux Décembre ou sous l'empire de la loi de sûreté générale.

Mais d'où venait tant d'aversion pour la forme républicaine? Les Bonaparte eux-mêmes doivent tout à la République de 1792 et de 1848.

Napoléon Ier lui doit son titre de général et le commandement des vaillantes armées de l'Italie et de l'Egypte. Certes, il était né avec un génie extraordinaire et qui n'a peut-être pas d'égal dans l'histoire du monde. Mais, sans un théâtre aux vastes proportions, qui lui permette de se développer dans sa force et dans toute son étendue, le génie lui-même ne serait qu'un présent stérile du Ciel, et ce vaste champ où il avait moissonné tant de palmes, arrosé par le sang des républicains, n'était-ce pas la révolution qui l'avait ouvert devant lui?

Napoléon III a été tiré de la terre d'exil par la République en dépit de l'opposition et des pressentiments de quelques membres du gouvernement provisoire, et rétabli par elle dans sa qualité et dans ses droits de citoyen français. C'est aussi la République qui, après avoir aboli sans retour les lois de bannissement, l'éleva à la première magistrature qu'il échangea bientôt, au mépris des serments les plus solennels, contre le titre d'Empereur, se faisant ainsi, grâce au guet-à-pens du Deux Décembre, du fauteuil de la Présidence un marchepied pour atteindre plus facilement à la puissance souveraine.

A présent voyons ce qui se passe sous nos yeux. A quelle époque la Corse a-t-elle vu un spectacle plus consolant? Quel est le gouvernement qui lui a donné autant de gages de sympathie et d'attachement? Sous l'Empire elle était laissée en dehors du vaste réseau de nos chemins de fer, tandis que des provinces récemment annexées à l'Empire, où le nombre des séparatistes est si considérable, en étaient sillonnées dans tous les sens et que des millions étaient dépensés, d'une main libérale, pour en accroître rapidement les ressources et la prospérité. On dit, nous le savons, que le gouvernement de l'Empire avait eu l'intention de doter la Corse d'une route ferrée de Bastia à Ajaccio. Mais on sait que ces vagues projets étaient indéfiniment ajournés. D'ailleurs, il n'en était question qu'à l'approche des élections.

Ces amères déceptions ont cessé. Ce qui n'était encore qu'un leurre, une promesse trompeuse, est devenu un fait accompli. Plus de soixante millions sont destinés à la construction et à l'achèvement du chemin de fer que l'on peut, sur des calculs exacts, considérer comme une source féconde de profits réels, de richesses croissantes. Et à ce propos faut-il rappeler les sarcasmes, les amères plaisanteries dont le chemin de fer était le sujet, périodiquement renouvelés sous toutes les formes et sous tous les tons dans les *Gazettes* bonapartiste ou clérico-légitimiste ? C'est en marchant que l'on prouve le mouvement : c'est ce qu'a fait le ministère Freycinet. Grâce au vote des Chambres, dont l'initiative n'est pas venue de nos députés, grâce à l'énergique impulsion des nouvelles locomotives, on pourra dans cinq à six ans parcourir la Corse dans toute sa longueur et dans toutes les directions.

Là ne s'arrêtent point les largesses du budget. En même temps que des millions sont alloués pour le chemin de fer, les routes, les ports, les églises reçoivent à leur tour de fortes subventions, si bien que l'on peut affirmer que la République a semé dans quelques années plus d'or sur la Corse que l'Empire n'en a semé dans l'espace de vingt ans.

Aux termes d'un projet soumis aux Chambres, les routes forestières seront classées désormais parmi les routes domaniales. La présence de M. le comte de Choiseul dans la commission, dont il est le secrétaire, est un sûr garant de l'adoption de ce projet.

Grâce à la sécurité qu'assure la prompte et énergique répression du crime, notre sol, si longtemps stérile, faute de bras et de capitaux, va être fécondé par les sueurs du travail. Les feux de la guerre étrangère et de la guerre intestine avaient pu le dessécher : ils étaient impuissants pour y arrêter son expansion et tarir sa sève native. Le moment est venu de donner un plus heureux élan à l'ardeur inquiète des Corses par l'émulation du travail et de l'industrie. Depuis Bastia jusqu'à Ajaccio, sur toutes les lignes on aperçoit des jalons marquant les tracés des nouvelles voies de communication. Sur plusieurs points la Corse présente l'image d'un vaste atelier : on y remarque le travail et le bourdonnement des ruches à miel. C'est la vie, c'est le mouvement, c'est le progrès.

Cependant qu'a fait la Corse pour mériter que le gouvernement de la République s'occupe aussi sérieusement de son bien-être, de sa prospérité? Elle a pris et gardé, depuis 1870, une attitude hostile aux institutions de notre démocratie, si sage dans sa marche, si jalouse des intérêts des masses, si magnanime envers ses ennemis. Des élections, à l'exception d'une seule, ne sont jamais sortis que des députés réactionnaires qui sont allés grossir la droite et combattre les ministères républicains de leurs votes, et ils les auraient combattus de leurs discours à la tribune, s'il n'était pas plus facile d'intriguer que de parler. Que de mensonges, que de calomnies ne se plaisent-ils pas à répandre sur le compte des hommes éminents qui servent efficacement le pays et y jettent le plus d'éclat par leurs lumières et leurs délibérations? Il n'est point jusqu'aux bruits de guerre et de complications extérieures qui ne les réjouissent dans leur haine furibonde contre la République.

Moins grande, moins forte, moins généreuse, la République n'eût pas manqué de se dire : puisque la Corse se montre si rebelle aux idées et aux institutions nouvelles, puisqu'elle poursuit la réalisation de ses rêves chimériques, puisqu'elle est assez injuste, assez ingrate pour méconnaître nos dispositions bienveillantes et qu'elle n'a pas un vœu plus cher que le retour des monarchies électives ou de droit divin, eh bien, qu'elle attende sous l'orme la résurrection de ces régimes à jamais tombés devant la volonté du peuple, de ses tendances et de ses aspirations.

Les gouvernements les plus généreux se lassent de leur longanimité. Il n'y a rien qui révolte autant que l'ingratitude. Le parti bonapartiste l'a poussée bien loin. Sur quatre journaux qui se publient dans le département, deux poursuivent leur rôle d'opposition hostile et luttent de haine et d'acharnemeut contre tout ce qui n'est ni l'Empire, ni la légitimité, ni l'ultramontanisme. Leurs fureurs ne connaissent plus de bornes. Nous ne sommes pas compétent; si nous l'étions jamais! cette guerre incessante et de mauvaise foi aurait un terme, car, enfin, il n'est pas permis de méconnaître et d'insulter, à chaque numéro, le gouvernement que la nation s'est donné dans la plénitude de son droit, et que les manifestations éclatantes et réitérées du suffrage universel ont sanctionné et raffermi.

Il est vrai que la République est trop forte pour s'en émouvoir. Elle a eu à combattre des adversaires autrement redoutables et a traversé les crises les plus violentes sans en être ébranlée. Mais il est des partis tellement aveugles qui prennent pour un aveu de crainte ou d'impuissance ce qui n'est, au contraire, que la marque d'une confiance illimitée dans la force et la stabilité du gouvernement.

Ne pouvant plus compter sur les factions de l'intérieur, ils portent des regards d'espérance au delà du Rhin. Ah! si les fourgons de l'état-major prussien pouvait ramener une deuxième fois la légitimité exilée! Quant aux Bonapartistes, ils n'ont plus même cet espoir : la guerre étrangère ne pourrait leur rendre qu'un cercueil. D'ailleurs les puissances du Nord savent parfaitement que l'armée actuelle fortement organisée n'est pas celle de l'Empire. La Prusse elle-même proteste par ses journaux et ses diplomates de ses intentions pacifiques. Il n'est point de cabinet qui songe plus à envoyer le défi à la République. La guerre de la révolution en étendit les limites. Il y aurait plus que de l'imprudence à la provoquer de nouveau. Aussi, si les réactionnaires comptent sur une invasion étrangère, ils s'abusent grossièrement.

Tous les journaux, à quelque opinion qu'ils appartiennent, ont toujours parlé avec respect et convenance du premier magistrat de la République dont la haute sagesse ne peut être égalée que par la fermeté de ses convictions politiques. Seules entre toutes les feuilles hostiles, celles de la Corse ont retenti comme une note discordante dans ce concert d'éloges et d'hommages envers le successeur du maréchal Mac-Mahon, illustre soldat qui avait eu pourtant la faiblesse de tremper dans le complot de Broglie et de Fourtou contre la République et les institutions sur lesquelles elle repose.

Nous l'avons dit ailleurs, si au lieu d'être assise sur un bloc de granit, la République n'était qu'un vase de cristal, il y a bien longtemps qu'elle aurait été broyée sous la main des réactionnaires. Qu'ils se détrompent : la République est un vaisseau aux larges flancs dont la solidité brave le choc des vagues. C'est lorsqu'il est battu par la tempête et semble près du naufrage qu'il se redresse majestueusement, vogue et flotte avec une vigueur nouvelle sur la surface orageuse de l'Océan : *Fluctuat, non mergitur.* Cette grande mer, qui reçoit l'eau de toutes les rivières et les épure en les mêlant, est l'image de la République offrant une main généreuse et abritant sous son drapeau tous ceux qui viennent à elle avec une adhésion franche et loyale.

La Corse, qui commence à se réaviser et à avoir un sentiment plus juste de la situation, ne sera plus la dupe des ambitieux qui l'ont exploitée dans l'intérêt d'une faction active et intrigante, habile à séduire les crédules par le vain fantôme de l'Empire. La République gagne tous les jours du terrain. Il est déjà loin de nous le temps où les suffrages de la majorité du corps électoral étaient acquis d'avance aux députés de ce qu'on est convenu de nommer l'Appel aux peuple, comme si les élections étaient autre chose que la manifestation de la volonté nationale, si elles n'étaient pas autant de véritables plébiscites !

Mais c'est avec des mots et des formules dont souvent on ne comprend pas le sens que l'on abuse de la multitude. On n'ignore point de quels éléments se composaient ces majorités électorales. Il y avait là les votes de l'armée de terre et de la marine où se trouvaient des milliers de Corses inféodés à l'Empire, des milliers de militaires en retraite, douaniers, ex-agents de police et vieux gendarmes. Voilà les forces électorales du parti, voilà où étaient les principales chances du succès. Pendant dix ans la mort a largement moissonné dans leur rang. Bientôt cette armée n'aura plus que de vieux curés et quelques chefs usés et sans prestige. Ils pourront s'agiter encore, mais ils s'agiteront dans le vide et l'impuissance. Les médailles de Ste-Hélène seront aussi rares que les médailles antiques, et parmi les vieux militaires il ne restera plus d'autre trace de l'Empire que la longue mouche grisonnante au menton.

Ce n'est pas seulement avec des regrets et des espérances sans cesse déçues que l'on maintient des partis. Il leur faut quelque chose de moins vague, de moins incertain. Molière l'a dit : « On désespère quand on espère toujours. » Il ne suffit plus pour relever leur courage abattu de quelques dépêches menteuses qui, vraies le matin, sont fausses le soir. Ces petits manéges ne valent plus rien : on connaît là tactique du parti; il comprend qu'il ne peut plus avoir la sotte prétention de contenir tout un département dans les bornes étroites d'une côterie. Cela ne pouvait pas durer indéfiniment. Un jour arrive où la vérité fait entendre sa voix, à travers les vaines rumeurs des partis où le bandeau tombe des yeux des moins clairvoyants, où les imposteurs, complétement démasqués, sont forcés de se cacher dans la nullité et la honte.

Le Conseil général, ce camp retranché, ce dernier refuge des Bonapartistes sera bientôt renouvelé, du moins en partie. D'autres idées, d'autres principes y prévaudront : à l'esprit réactionnaire succédera l'esprit de progrès, et tel qui depuis neuf ans y domine en maître, n'y jouera plus qu'un rôle secondaire. Ce ne serait pas, d'ailleurs, la première fois que les Bonapartistes se seraient trouvés en minorité dans le corps électif. Dans la session de 1871 ils furent battus : ils l'auraient été également dans la suite, si les chefs de l'administration se fussent montrés plus habiles ou plus énergiques.

Cependant en 1871 nous étions bien plus rapprochés de la chute de l'Empire. Sénateurs, ex-préfets, anciens ministres, princes Bonaparte, enfin toutes les sommités, toutes les grandes personnalités de la faction étaient là. D'où vient donc qu'ils furent obligés de s'avouer vaincus et qu'ils ne purent arriver ni à la présidence ni au bureau du Conseil? Toute la ville d'Ajaccio fut témoin de leur piteuse figure : la désertion se mit dans leurs rangs : la débacle fut complète.

C'est que le gouvernement de M. Thiers avait pris une attitude ferme et que la majorité du Conseil général comptait aussi des hommes résolus et intelligents. Pourquoi n'en serait-il pas de même aux sessions prochaines? La situation est cent fois plus belle, plus avantageuse. La République, dont on mettait tous les jours l'existence en question, est entrée dans une phase définitive de stabilité et de consolidation. Le parti hostile n'a plus ni chef, ni cri de ralliement. On commence à purger les étables d'Augias : encore quelques actes d'épuration et la République ne sera plus servie que par des fonctionnaires honnêtes et dévoués. Les électeurs des communes urbaines et rurales ne sont plus asservis à des influences locales, tournant toujours à l'avantage des anciens meneurs de la coterie qui a régné et gouverné pendant huit ans.

Au jour des élections ils feront preuve d'indépendance et de patriotisme. Des noms plus sympathiques au pays sortiront des urnes électorales. Nous espérons que, tout en lui laissant sa liberté, le mouvement électoral sera cette fois-ci dirigé par le Chef de l'administration, de telle sorte que, dégagé des manœuvres coupables qui pourraient l'entraver ou le détourner de son but, il prouvera que les Corses ont retrouvé les glorieux souvenirs et les traditions démocratiques de la vieille *Terre des Communes*.

Il est temps que la nouvelle génération, nourrie dans ces idées et ces sentiments, marque son entrée dans la vie politique par son dévouement éclairé aux institutions de la France moderne, par cette indépendance d'esprit et cette fermeté de convictions qui ont toujours distingué leurs ancêtres : nous sommes certain que, libres de tout engagement avec les vieux partis, ils s'inspireront des exemples de cette fierté native qu'ils leur ont léguée, et qui n'est pas la partie la moins noble de leur héritage ni le trait le moins beau du caractère national, et porteront leurs suffrages sur des hommes qu'ils puissent montrer avec orgueil aux républicains d'outre mer, et de qui ils n'aient à craindre ni défaillance dans les moments critiques, ni compromis avec les ennemis de la démocratie, ni des oscillations d'aucune sorte dans la ligne de conduite que leurs votes ont tracée.

Courage donc et confiance. Il y a dans la Chambre des Députés, comme dans la presse républicaine, des hommes éminents et déjà éprouvés dans les luttes de la liberté, qui ont vu de près, mesuré l'étendue et sondé la profondeur des plaies qui saignent encore. Ceux-là leur diront comment on doit servir la République et de quel côté sont les intérêts, la force et la grandeur de la France. Le pays sait qu'il peut compter sur leur concours. Déjà ils ont appelé l'attention du gouvernement central sur la situation des partis hostiles, sur leur audace, leur organisation et leurs menées. Qu'on les écoute, et on saura bientôt par quelles mesures, par quelles combinaisons parfaitement légales et constitutionnelles on pourra républicaniser la Corse et extirper de son sol les germes naguère si vivaces du Bonapartisme.

Peu d'efforts suffiront. Quand des remparts ne sont plus que de vieilles masures, un coup de boulet y fait de larges brèches par où on pénètre dans la place, et l'on s'en empare. C'est ce qui va arriver. Bientôt il n'y restera plus un seul ennemi, et ses murs ne verront plus flotter d'autres couleurs que celles de la République. Pendant longtemps embusqués derrière leurs fonctions, ils tiraient contre les républicains, criant à leur tour : « A moi d'Auvergne, ce sont les ennemis. » C'était leur mot d'ordre, c'était le cri de ralliement.

Nous ne voulons pas faire feu sur cette armée en déroute; mais nous voulons la mettre dans l'impuissance absolue de se reformer de nouveau, de ressaisir le terrain qu'elle a perdu. Qu'elle garde son culte, sa légende, ses regrets; mais qu'elle ne cherche point à les imposer aux autres. Nous les avons vus à l'œuvre dans les jours néfastes des 24 et 16 mai ; nous les connaissons et savons parfaitement de quoi ils sont capables. C'est pour empêcher le retour de ces dates à jamais regrettables que nous devons les combattre partout où ils osent lever la tête, et les anéantir en tant que parti.

Il faut que la mère patrie ne compte pas un département plus républicain que la Corse. Elle doit se montrer sensible aux témoignages réels et effectifs de son attachement. Cet attachement ne consiste plus en assurances vaines ; mais il se traduit en ouvrages d'utilité publique. Puisque la face du pays change par l'œuvre du gouvernement, pourquoi les opinions ne changeraient pas également ? La gratitude ne serait-elle plus la qualité distinctive des Corses ? Si nous n'étions pas touchés de tous les bienfaits dont nous n'avons donné qu'une légère idée, pourrions-nous nous vanter encore de la posséder *in modo heroico ?*

Les avantages que le chemin de fer, grâce à l'activité, à l'habile direction que de jeunes ingénieurs ont imprimée à l'ensemble des travaux promis à la Corse, sont immenses. Dans peu d'années, nous en avons la certitude, elle n'aura plus rien à envier aux plus riches contrées du continent. C'est ainsi que sans secousses, sans efforts, par la seule influence du progrès, par les développements du commerce et de l'industrie agricole et manufacturière, par la facilité des échanges et des transports des denrées, enfin par une plus grande somme de sécurité, elle atteindra bientôt à ce niveau, terme tant désiré de nos vœux et de nos espérances.

Avec le chemin de fer il n'y aura plus de distances entre les arrondissements, entre les endroits de production et les centres de consommation. La montagne qui séparait jusque-là, comme en deux provinces étrangères, le Golo et le Liamone, ne sera plus une barrière. Quand les peuples se connaissent mieux, ils s'estiment et s'apprécient davantage. Le chemin de fer est un grand fusioniste : il efface jusqu'aux aspérités de mœurs et de caractère. Les élections deviendront plus faciles et moins coûteuses; les électeurs seront mieux disposés à répondre à l'appel du pays. Ils auront les profits des élections sans en avoir les désagréments; car des colléges aujourd'hui fort éloignés de la demeure des votants seront alors en contact immédiat, et il leur sera loisible d'accomplir dans le même jour leur acte de souveraineté et de retourner à leurs affaires.

Voilà, en abrégé, les bénéfices du chemin de fer; voilà ce que nous devons à la République. La répudier ce serait outrager la mémoire de nos aïeux qui, longtemps avant 1789, combattaient et mouraient pour elle. Adopter sans partage cette forme de gouvernement, — et il n'en est point qui convienne mieux à la dignité de l'homme jaloux de sa liberté, — c'est renouer la chaîne des temps, c'est se reporter à cette période de notre histoire que M. Botta appelle une *épopée héroïque*, et dont l'auteur du *Contrat Social* avait déjà parlé en termes si flatteurs et si sympathiques.

Les électeurs nous diront bientôt s'il n'y a plus de place en Corse que pour les idées surannées de monarchie et de pouvoir absolu, et si les vieilles traditions d'indépendance et de liberté se sont entièrement effacées de nos cœurs! L'avenir de la Corse est entre leurs mains. Si le gouvernement de la République se montre si bienveillant quand il aurait tant de raisons de nous oublier, que ne devrions-nous pas en attendre si, par une adhésion franche et loyale au système actuel, nous nous créions de nouveaux titres à sa confiance et à son affection?

La République a déjà beaucoup fait, mais nous pouvons en espérer davantage. Jusqu'ici la Corse n'avait été pour la métropole qu'une pépinière de braves soldats, un camp de réserve dans la Méditerranée. Désormais elle sera aussi un vaste champ de travail, une ruche industrieuse, une riche mine à exploiter. Nous sommes certain que, dans un avenir peu éloigné, la Corse compensera avec usure la mère patrie de ses avances de fonds. Enfin l'ère républicaine sera la date heureuse d'une série d'améliorations importantes, le point de départ d'une plus grande diffusion de lumières, d'un bien-être plus général, plus durable et de l'œuvre complète de sa moralisation. « Tout le monde sait (lisait-on en 1852 dans l'*Ère Nouvelle*) qu'abandonnée à la pente naturelle et à la puissance de ses souvenirs, la Corse reviendra à la démocratie, comme un fleuve sorti de son lit y rentre dès le moment où les obstacles qui l'avaient détourné de son cours ont disparu. »

Dans les autres départements de la France il y a des républicains par crainte, par calcul, par réflexion : en Corse, nous sommes républicains par tradition, par instinct. Nous le répétons, les belles réminiscences du passé, la lecture des pages glorieuses de notre histoire nationale, les combats livrés pour revendiquer nos libertés, le penchant irrésistible à l'égalité civile et politique, une aversion constante à toute sorte de despotisme, — tout, en un mot, nous ramène forcément à la République. Qu'était-ce sous le premier Empire, qu'était-ce sous la Restauration que le peuple? Quelle valeur, quelle importance avait-il? C'est l'exercice du vote qui a élevé le Français au rang de citoyen. En lui conférant une part de la souveraineté, la Constitution le met au niveau du candidat, quelque considérable qu'il soit. Pour demander son suffrage il laisse de côté sa morgue de grand seigneur, tant il craint de blesser l'instinct ou le sentiment de l'égalité! La Révolution de 1789 avait commencé son émancipation, la révolution du 24 février 1848 l'a achevée. Les mots de l'abbé Sieyès se sont avérés dans toute leur étendue.

Avant le régime républicain, l'homme pouvait bien entrer dans un conseil de famille, déposer en justice, servir d'expert et concourir même à composer un jury de jugement, non pas en Corse où ce droit lui avait été enlevé, mais sur le continent. Tout se bornait là. La révolution de février arrive et le voilà tout à coup élevé au rôle de citoyen actif, appelé à la formation de tous les corps électifs, cajolé de toutes les façons par ceux-là mêmes qui, avant la substitution du suffrage universel au suffrage restreint du pays légal, passaient à côté d'eux sans pas même leur rendre le salut.

« Un républicain, assez fier de sa dignité pour ne vouloir obéir qu'aux lois, a naturellement l'âme droite, juste, élevée et courageuse. Qui s'accommode de la domination des hommes, doit être prêt à respecter des caprices, des injustices, des folies. Son jugement s'y perd. A force de respecter les lois du Sultan, les Turcs se sont accoutumés à regarder ses ordres comme des lois. Il n'y a plus d'autres vertus pour les sujets d'un despote que la patience et quelques utiles qualités d'esclaves compatibles avec la paresse et la crainte. Si un peuple jaloux de sa liberté se trompe quelquefois, ses erreurs ne sont que passagères, elles l'instruisent même. Mais ce que notre raison n'a jamais pu concevoir, c'est que le peuple puisse balancer un instant entre la Monarchie et la République. »

Celui qui tenait le langage que nous venons de reproduire n'était ni un socialiste ni un radical, c'était un philosophe du dernier siècle, un compatriote de Caton et de Fabricius, vivant au milieu des Sybarites d'une vieille monarchie (1). Un républicain respecte

---

(1) Mably.

d'autant plus les lois qu'elles sont l'ouvrage de ses mandataires. Or, du respect des lois et de l'amour de la liberté naît l'harmonie dans les États. Sous aucune forme de gouvernement, il n'est plus facile de maintenir l'union entre ces deux sentiments.

Aimons donc la République, non-seulement parce qu'elle nous divise le moins, mais parce qu'elle fait de tous les électeurs, depuis le meunier du village jusqu'au notable, autant de souverains temporaires. Il n'est point d'homme assez haut placé dans l'ordre social et dans l'Etat qui, aux approches des élections, ne descende de ces hauteurs dans l'humble chaumière du laboureur, dans la bergerie du pâtre, dans les ateliers de l'artisan pour demander, de sa voix la plus douce, de son maintien le plus modeste, la faveur d'un vote, et ne distribue, le sourire sur les lèvres, de cordiales poignées de main.

Électeurs, n'oubliez pas dans ce jour, dans ces grandes assises populaires qu'on pourrait appeler le *jugement universel*, que parmi ces hommes qui parlent fièrement de liberté et de leur amour pour la démocratie, il en est qui se fussent accommodés bien volontiers du pouvoir absolu d'un roi, d'un empereur et même d'un despote, et pourtant ils disaient à haute voix : que de toutes les tyrannies celle de la multitude est sans contredit la plus affreuse, la plus insupportable. Au lieu de tomber avec le gouvernement qui avait reçu l'hommage de leur dévouement, de leurs sympathies, et de chercher dans la retraite le repos avec un peu de dignité, ils ont brigué pendant plusieurs fois le mandat législatif, non pour s'associer aux réformes utiles, mais uniquement pour susciter des embarras à la République, assez bonne pour leur donner de fortes pensions de retraite sur de faux certificats d'infirmité.

Pour mieux tromper les électeurs, ils parlaient dans leurs adresses de la révision de la Constitution dans laquelle ils allaient, disaient-ils, pratiquer une large brèche pour y faire entrer la monarchie impériale. Les farceurs! Ils savent pourtant que si le pacte constitutionnel, qu'ils n'ont pas voté, doit subir des modifications, ce ne peut être que pour donner, avec la majorité républicaine des deux chambres, une plus grande extension au principe républicain. Mais c'est à l'aide de fausses promesses et de mensonges qu'ils cherchent depuis 1870 à abuser le peuple corse.

S'ils se présentent de nouveau aux comices, dites-leur : Votre temps est passé sans retour. « Comment n'apercevez-vous point que la République existe, disait son illustre fondateur en 1870, qu'elle est le gouvernement légal du pays? Vouloir autre chose, ce serait fomenter une révolution nouvelle, la révolution la plus redoutable de toutes. Ne perdons pas notre temps à la proclamer, mais employons-nous plutôt à lui imprimer les caractères désirables et nécessaires. » Nous le répétons, qu'était-ce que le peuple en général et celui de la Corse en particulier? Un ilote, un véritable parias. Jusqu'à 1848, il avait subi toute sorte d'humiliations. Il n'y avait de places, il n'y avait d'avantages réels que pour les créatures et les parents de deux ou trois maisons influentes. Les hommes de valeur et de talent étaient condamnés à une nullité complète. Sous le second Empire une espèce d'autocrate sous le nom de Préfet ne voulait tolérer dans la presse que ses éloges, et parce qu'un journal libre et indépendant (1) fut assez courageux pour censurer avec mesure et justice quelques actes de son admnistration, il le mit par deux avertissements successifs, dans la nécessité de suspendre sa publication. Aujourd'hui, deux feuilles agressives poursuivent, sans nul ménagement, de leurs injures et de leurs calomnies le gouvernement, ses agents, et font monter l'injure jusqu'au premier magistrat de la République, et on les laisse débiter en paix toutes sortes d'horreurs. C'est que ses ennemis inspirent plus de pitié que de crainte. L'un de ces journaux veut ramener Henri V, l'autre l'Empire. Dans les illusions qui les abusent, ils prennent l'indifférence du mépris ou le sentiment de la force pour une preuve de faiblesse ou un aveu d'impuissance!

Bientôt ils publieront la liste de leurs candidats aux élections prochaines. On les entendra faire de pompeux éloges des uns et déverser à pleines mains les outrages sur le nom des autres. Mais que peut-on espérer? N'ont-ils pas essuyé d'assez amères déceptions? Ne voient-ils pas que le bandeau est tombé des

---

(1) L'Ère Nouvelle.

yeux des Corses? Si jamais vous étiez nommés; si, contre notre espoir et nos prévisions, quelques-uns d'entre vous parvenaient, par des associations monstrueuses ou par des concessions réciproques et d'habiles combinaisons, — qu'il sera facile de déjouer, — à surprendre des milliers de suffrages, pense-t-on qu'il suffira de quelques votes hostiles de plus dans la chambre des députés pour renverser la République? D'ailleurs, vous allez vous trouver dans cette fâcheuse alternative de trahir le mandat législatif si vous demeurez fidèles à la tradition dynastique, ou de vous rendre méprisables par une honteuse défection si vous votez avec les gauches. Dans l'un et l'autre cas, c'est toujours une fausse situation!

« On ne me contestera pas, je pense, disait Cicéron, que rien n'est plus *honteux que de se faire députer*, si ce n'est pour les affaires de la République : *quam quemquam legari nisi reipublicæ causa.* » (Traité des Lois).

Restez donc chez vous, soit pour bouder sous la tente comme Achille, soit pour vous résigner à ce sort nouveau. Il y a longtemps que vous auriez dû comprendre que votre rôle politique étant fini, vous n'aviez plus qu'un parti à prendre, celui de rentrer modestement et sans bruit dans la vie privée. Dira-t-on que des partisans de Pompée passèrent tout couverts encore de la poussière du camp de Pharsale du côté de César? Oui, mais que l'on demande à l'histoire comment ils y furent reçus?

Après dix années de législature, vous devez éprouver le besoin de reposer dans la tranquillité vos âmes des émotions et des fatigues de la tribune. Les échos de vos voix éloquentes retentissent encore de ce côté de la Méditerranée. D'ailleurs, les chrétiens de la primitive Eglise n'adoraient point les faux dieux du polythéisme. A un culte nouveau il faut de nouveaux prêtres. Gardez votre foi et vos hommages pour d'autres idoles. L'un de vos journaux observait naguère au sujet des lois Ferry que les républicains ne s'agenouillent que devant la déesse Raison et que les symboles de cette divinité nouvelle dont Robespierre était le grand pontife, n'avaient pour emblème que la guillotine et pour autel qu'un échafaud. Vous seriez donc en fort mauvaise compagnie. Il s'exhale de cette atmosphère malsaine comme une vapeur rouge de sang. Les démocrates veulent saper dans leur base le trône et l'autel, et, par le divorce, la famille. Vous voulez tous le maintien des uns et des autres. Ainsi nulle possibilité de vous entendre, à moins d'une grande fausseté et d'une hypocrisie révoltante des deux côtés.

Attendez, pour revenir sur la scène politique, cette décevante chimère que vous poursuivez sous le nom d'Appel au peuple. Jusque-là, vieux débris de l'Empire, consolez-vous ensemble et laissez le champ libre à ceux qui n'ont connu et ne veulent connaître d'autre bannière que celle de la République. Vous savez qu'ils ne se sont pas laissé intimider par les menaces du Préfet, des Sous-Préfets et des Commissaires de police des Broglie et des Fourtou, qui les traquaient comme des bêtes fauves, notamment sous le ministère du 16 mai, de lamentable mémoire. D'ailleurs, quel intérêt vous retient encore un jour de plus à la Chambre? Vous n'avez plus rien à en attendre ni pour le pays, ni même pour vous et vos amis, si ce n'est un sourire furtif de M. Gambetta, de qui vous êtes parfaitement connus et appréciés, ou le plaisir d'entendre les interruptions intempestives de M. Cuneo d'Ornano, le représentant de Cognac.

Nous savons qu'il vous reste un dernier asile, le Conseil général où vous partagiez à votre gré les deniers du budget départemental; mais là aussi vous pourriez retomber en minorité. Vous l'avez bien été à la session de 1871, et nous ne sachions pas que vous soyez plus forts aujourd'hui. La représentation cantonale est une chambre au second degré. Les lois de son organisation l'ont presque élevée au même niveau que le Corps législatif. Dans des conjonctures données elle peut même devenir un pouvoir politique; il importe donc qu'elle ne soit plus composée que d'hommes sincèrement dévoués au governement actuel. Les intérêts du département n'en seront pas moins bien défendus, et l'accord entre elle et le chef de l'administration, si nécessaire à la marche facile et à la prompte expédition des affaires générales, s'établira de façon à ne pouvoir plus être troublée par de misérables combinaisons de coteries.

Assez et trop longtemps elle a été agitée par les

préoccupations politiques. Ce ferment de discorde doit être à jamais étouffé. Les élus de l'assemblée cantonale n'y arriveront plus pour s'entre-choquer dans des débats irritants et stériles, mais pour travailler de concert, au bien général du pays, en dehors de toutes visées personnelles et des sentiments d'une rivalité étroite et mesquine.

La Charente et la Dordogne étaient naguère les derniers retranchements du Bonapartisme. Ses candidats, hostiles aux institutions démocratiques, quels qu'ils fussent, avaient des chances de réussir. Eh bien, aux dernières élections sénatoriales ils ne l'ont plus emporté que de quelques voix, tant il est vrai que l'idée républicaine s'étend et se propage partout!

Faut-il que la Corse seule, cette vieille terre de la liberté, cette terre classique de la démocratie, persiste dans une opposition aveugle et absurde au gouvernement républicain? Et dans quel intérêt? Nous l'avons dit, dans l'intérêt d'une coterie qui voudrait garder perpétuellement le monopole du suffrage universel, comme si l'Empire autoritaire, frappé à mort dans son dernier représentant, avait encore des raisons d'être, comme si des fautes irréparables et des divisions intestines n'avaient pas achevé de l'anéantir!

Maintenant que nous avons rappelé succinctement quelques-uns des droits que la République a acquis dans le passé et le présent à l'affection et au dévouement du pays; maintenant que nous avons signalé les artifices et les piéges dans lesquels on s'efforcera de nouveau de les entraîner, nous dirons aux électeurs : rapprochez le régime actuel d'avec les régimes antérieurs, vous avez les termes de comparaison sous les yeux : jugez.

N'est-il pas temps que pour les ambitieux dénués de mérite et qui, sans déguiser leur attitude hostile contre la République, n'en sollicitent pas moins vos suffrages, que l'urne du scrutin ne soit plus qu'une urne *cinéraire?* Si vous persistez à préférer les ennemis manifestes ou cachés de la République; si vous portez sur eux vos suffrages, savez-vous bien ce que vous faites? Vous donnez un démenti aux traditions nationales, vous faites bon marché des véritables intérêts du pays, vous manquez aux premiers de vos devoirs envers le gouvernement, celui de la reconnaissance, vous prouvez enfin que vous êtes stupidement asservis à cette coterie qui ne vous a que trop longtemps exploités.

Je sais que l'on cherchera à vous effrayer par le spectre rouge du radicalisme. C'est une vaine fantasmagorie qui n'effraie personne. On vous dira aussi que la situation de l'Europe présente de grandes complications et qu'elles pourront se dénouer au profit de l'une des trois dynasties dont le peuple ne veut plus à aucun prix. Erreur, leurs intrigues secrètes n'ont pas peu contribué à raffermir le nouvel ordre politique. « Je vois, disait Voltaire, que l'on a bien fait de supposer que la trinité ne forme qu'un seul Dieu, car si elle en avait trois, ils se seraient coupé la gorge pour une querelle de bibus. » Tel serait inévitablement le spectacle que présenteraient à la face du pays, déchiré par leurs compétitions dynastiques, les trois prétendants qui se disputent le trône.

C'est l'unité qui maintient l'harmonie au ciel comme sur la terre. C'est elle qui fait la force de la République et le désespoir de ses adversaires.

La faction bonapartiste a perdu tous les jours du terrain; elle est bien loin d'être aussi puissante qu'elle l'était jusqu'en 1878. Que lui reste-il encore des trois éléments qui lui ont valu des succès électoraux, l'élément militaire, l'élément civil et l'élément officiel?

Personne n'ignore que le parti impérialiste pouvait compter sur l'appoint assuré des votes de l'armée de terre et de mer. Il y avait dans chaque corps des individus chargés de dresser des listes d'électeurs, de concert ou avec le consentement tacite des chefs. A un signal donné, sous la pression des officiers et des sous-officiers, les soldats votaient avec une parfaite discipline comme un seul homme en faveur des candidats bonapartistes. Le concours des électeurs fonctionnaires ne leur manquait pas davantage. La classe si nombreuse des militaires en retraite exerçait aussi une certaine influence sur la portion civile du corps électoral.

Il n'en est plus de même aujourd'hui. La situation est bien modifiée. Les républicains peuvent se mesurer avec plus d'avantage sur le terrain de la lutte.

Avec de l'activité et plus d'accord, nous sommes sûr qu'ils en sortiront victorieux.

Ce résultat, le gouvernement l'attend avec assurance du bon sens, de l'excellent esprit des populations mieux éclairées, et au sein desquelles vivent encore, un instant endormis, les anciens souvenirs de liberté et d'indépendance. Le germe avait pu en être étouffé sous le souffle impur des passions et des convoitises les plus ignobles. Mais parmi nous, sur cette vieille terre de la démocratie, ces influences délétères ne furent jamais de longue durée. Les nobles élans prennent bientôt le dessus. Les intrigants de bas étage, qui leur avaient donné une fausse direction, rentrent dans la nullité et le mépris. C'est ce qui arrivera, nous en avons la ferme confiance, dans ces circonstances décisives.

Et pourquoi la Corse ne trouverait-elle pas en 1880 les idées et les mâles traditions qui, sous les institutions démocratiques de la fin du siècle précédent, la placèrent si haut dans l'opinion des publicistes et l'estime de l'Europe?

Dans toutes les manifestations de la force, de l'intelligence et de l'activité humaine, c'est l'accord qui fait le succès.

La phalange thébaine fut invincible tant qu'elle marcha en masse compacte contre l'ennemi : le jour où elle se dispersa, elle fut battue. Il y a là une leçon instructive pour les républicains. Veulent-ils combattre avec confiance? qu'ils commencent par serrer leurs rangs.

Point d'irrésolution aux heures décisives et surtout point de ces alliances adultères qui désonorent les partis sans les fortifier. Il faut avoir soin de localiser les élections, de telle sorte que chaque arrondissement ait son représentant, et ce représentant on doit le choisir parmi les candidats nationaux. Dieu merci la Corse compte un assez grand nombre d'hommes marquants pour n'en être pas réduite à chercher au dehors ses mandataires. Ceux-ci doivent être désignés par le corps électoral tout entier et par voie de délégués. Pour cela il faut organiser des comités cantonaux, afin de concentrer les majorités électorales et empêcher les fractionnements toujours dangereux, parce qu'ils aboutissent à une fâcheuse neutralisation de forces.

Les désignations individuelles doivent faire place aux désignations collectives. Les colléges penseront sans doute qu'il convient de porter les suffrages sur des notabilités qui sont déjà descendues dans la lice ou parmi des concurrents nouveaux que recommandent à leurs votes des talents éprouvés et des antécédents d'un républicanisme indiscutable.

Nous sommes certain qu'ils ne se laisseront pas arrêter par la fausse idée qu'en France la République n'a eu jusqu'ici qu'une existence éphémère. A cela ils répondront que celle du 4 Septembre a déjà traversé une période décennale. Nous ne sachions pas, ajouteront-ils, que l'on ait encore essayé de faire sauter par des mines le palais de l'Elysée, ni que d'audacieuses tentatives d'assassinat aient mis en péril la vie de ses trois présidents, tandis qu'il n'y a plus en Europe une tête couronnée qui ne soit à tout moment exposée aux atteintes du poignard ou du plomb. Nous le demandons aux réactionnaires : de quel côté sont donc l'ordre et la paix? Quelle est la monarchie en Europe qui ne serait pas bien aise d'échanger son sort avec celui de la République française?

A l'objection que la République n'est qu'une forme transitoire de Gouvernement ne pourront-ils pas répondre aussi que les prétendus conservateurs raisonnent à peu près comme le chirurgien qui, après avoir amputé les deux jambes à un blessé, lui disait : « Mon ami, essayez maintenant si vous ne pouvez pas marcher? » Tous les jours nous voyons en Cour d'Assises de ces femmes cruelles qui, après avoir tué des nouveau-nés, croient se sauver en soutenant effrontément qu'ils n'étaient pas nés viables.

La République a pour elle toutes les conditions de la force, de la durée et de la grandeur. Elle n'a rencontré jusqu'ici sur sa route et dans sa marche progressive et assurée ni agitations ni émeutes. Deux fois, au 24 et 16 Mai on a essayé de la renverser. et deux fois le suffrage universel est venu à son secours et a arraché le pouvoir des mains qui voulaient renouveler, dans l'espoir de proclamer la monarchie, les criminelles entreprises du 18 Brumaire et du 2 Décembre.

Par un tardif retour à la raison et au bon sens traditionnel qui distinguaient leurs pères, les Corses ont fini par comprendre qu'un régime qui dure depuis dix ans avec la liberté illimitée de la presse et sans lois exceptionnelles, peut bien fournir une carrière assez longue pour désespérer entièrement les factions monarchiques et le consolider définitivement. Que n'a-t-on pas fait pour accréditer et répandre parmi nous l'idée contraire? Il n'y a personne désormais, si l'on en excepte quelques fanatiques prenant des songes creux pour des possibilités, qui veuille partager ces folles illusions.

Ainsi le terrain est assez bien préparé pour les élections prochaines. Les électeurs républicains peuvent s'y avancer avec assurance. Il n'y a plus qu'un danger, le seul que nous ayons à craindre : on parle d'ambitions exclusives, tenaces, absolues. S'il en était ainsi, la discorde pourrait se glisser dans le camp des républicains et alors qui oserait plus répondre de l'heureuse issue de la lutte?

L'acte du parlement anglo-corse du 31 mars 1795 était ainsi conçu :

« Les officiers municipaux seront choisis parmi les « plus distingués de la communauté, d'une probité « reconnue, contre lesquels il n'existera aucun juge- « ment prononçant des peines correctionnelles, af- « flictives ou infamantes et sachant lire et écrire. » (Art. XII).

Tant la loi électorale de cette époque se montrait jalouse de la considération dont il importe que les mandataires du pays soient toujours entourés! Le serons-nous moins que ne l'étaient nos pères? Suffirait-il d'avoir la noble ambition du suffrage public pour l'obtenir? Veut-on qu'il soit le prix du mérite ou de l'intrigue? C'est ce que les élections prochaines nous apprendront.

Mais, loin de nous de pareilles appréhensions : ces bruits sourds, répandus à voix basse et à dessein, viennent de la part des Bonapartistes. Les fautes du passé sont un utile enseignement pour l'avenir. Électeurs, encore une fois, confiance et courage et la victoire est à nous.

Nous connaissons des cantons qui n'étaient que des bourgs pourris, et depuis longtemps inféodés à des chefs de clan. Nous ne les nommerons point pour ne pas les faire rougir, certain que nous sommes d'ailleurs, qu'ils ont secoué le joug de ce honteux vasselage. Si nous sommes bien informé, même parmi ceux-là, il se produit dans ce moment un mouvement énergique et décidé d'émancipation. Une fois que la bannière de l'indépendance électorale sera levée, tous s'y rallieront à l'envi. Attendons donc ce beau jour avec sécurité : ces nobles élans de fierté et de patriotisme ne sont pas bien rares dans nos annales. Les électeurs ne voudront pas que l'on dise d'eux ce qu'Horace disait de la populace romaine *non ego ventosæ plebis suffragia venor*, que l'on gagnait avec des banquets somptueux, *impensis cænarum*, ou par des vêtements usés, *tritæ munere vestis*.

Ce trafic honteux ou cet échange de voix contre quelques sommes d'argent a pu se pratiquer dans quelques petites localités. Nous sommes sûr que ce scandale, cet ignoble manége ne se renouvelera plus. Des suffrages obtenus à ce prix déshonorent également et ceux qui les offrent et les candidats qui s'estiment assez peu pour les accepter.

Il importe à la dignité et à l'honneur de la représentation, à tous les degrés, que les électeurs conservent partout ce caractère de noblesse auquel on reconnaît les hommes libres et indépendants.

UN ÉLECTEUR

DE LA TERRE DES COMMUNES.